Nº 914.

LES HUIT
PHILOSOPHES
AVANTURIERS

DE CE SIECLE

OU

RENCONTRE IMPREVUE

de Messieurs

VOLTAIRE, D'ARGENS, MAUPER-
TUIS, MARIVAUT, PREVÔT,
CREBILLON, MOUHI & DE
MAINVILLERS

Dans l'Auberge de Mad. Tripaudiere à l'enseigne d'Uranie.

COMEDIE
DE NOS JOURS.

A LA HAYE,
Chez ETIENNE LOUIS SAUREL,
M. DCC. LII.

ACTEURS.

VOLTAIRE, *Amant d'Uranie hermaphrodite.*

l'Enthousiaste l'Anglois *son valet.*

D'ARGENS, *Amant & Mari de Babet la Chinoise.*

Mathieu l'Hollandois *son valet.*

MARIVAUT, *Amant de Marianne.*

Pierot le naïf *son valet.*

PREVÔT *Amant de la Baronne des Douleurs.*

Tranche-montagne le Massacreur *son valet.*

MAUPERTUIS *Amant d'une Mathematicienne Laponoise.*

La Simetrie *son valet.*

ACTEURS.

MOUHI *Amant d'une Marquise Païsanne.*

Scaramouche *son valet.*

CREBILLON *Amant d'une Belle imaginaire.*

l'Eternel discoureur *son valet.*

MAINVILLERS *Amant & mari de la fille d'un Prêtre.*

Arlequin Philosophe *son valet.*

La Scène est dans la Cour de l'Auberge d'Uranie dans une Ville frontière de France.

L'ON AVERTIT que l'on a defigné les inclinations des heros de cette Piece, fous le nom de leurs Maitreffes, & leur ftile & genre d'écrire fous celui de leurs Valets. L'on ne fait pas paroitre dans cette Comedie les Amantes de nos Philofophes Outre que la plûpart ne font mifes que pour emblêmes de leurs goûts, c'eft qu'en fait d'Auteurs, il eft jufte de parler de leurs Ouvrages avant que de faire mention de leurs Maitreffes.

C'eft dans l'ordre. L'on fçait que les uns leur tiennent plus au cœur que les autres.

On avertit de plus qu'on fait parler & agir les heros fuivant leur ftile & fuivant leur caractère: L'on a même copié plufieurs paffages de leurs livres & qu'on a placés à propos. Ces Meffieurs ne ne peuvent croire qu'on ait voulu leur faire de la peine; Comment pouroient-ils se trouver critiqués par leurs propres idées? Ils doivent bien plutôt se regarder comme honorés du cas que l'on fait de leurs discours les plus familiers.

La Scene est dans une Auberge d'une des Frontieres de France. Comme ces Messieurs ont toujours, les uns ou les autres, quelque noise avec les Ministres ou Magistrats; ils n'auroient pu joüer commodement leur comedie tous ensemble dans le Royaume.

LES HUIT PHILOSOPHES AVANTURIERS DE CE SIECLE.

SCENE PREMIERE

VOLTAIRE *descendu de voiture & precedé d'un Valet chargé d'un grosse valise & qui porte à la main un coffret à argent.*

VOLTAIRE *dans son stile.*

PEste soit de l'Enthousiaste avec sa fougue Angloise! Pourquoi Diable ne pas s'arrêter à l'enseigne d'Uranie? Ne sçavois-tu pas que c'est mon Auberge favorite, & que ce nom seul reveille agréablement mes idées Poëtiques & Philosophiques sur les plaisirs de l'Amour & de la Table?

A 4   L'EN-

L'Enthousiaste.

God dam, Monsieur, si je m'étois jamais imaginé que vous fissiez l'amour à cette Mad. Vranie. Mais comme cette maladie ne se peut guerir qu'en lui accordant ce qu'elle demande, achetez cette vieille enseigne pour en faire le Portrait de l'objet de vos Amours, & après cela poussons jusqu'à une meilleure auberge; Car les Anglois, qui en sont pour les belles enseignes, disent: que bonne Taverne rejouit le Voyageur & épargne sa bourse.

Voltaire *dans son stile.*

Animal entêté de ses prejugés! Sous quel climat (*à part*) le ciel t'a-t-il formé pour empoisonner mes plus beaux jours?

Impitoyables Dieux!
Mes crimes sont les vôtres;
Et vous m'en punissez?
Vous l'avez fait Anglois,
Faut-il donc que j'en soufre?

L'ENTHOUSIASTE.

God bleſſ, Monſieur, vous parlez toujours Vers! Oh! je vous le cede, encore m'en mêlerois-je ſi vous parliez Metaphiſique ou Phiſique. L'on n'a pas d'autre amuſement dans les cabarets de notre Iſle. Tout Anglois eſt Philoſophe: & les plus minces porteurs, à cent guinées, ſçavent que dire ſur vos Lettres Philoſophiques.

VOLTAIRE *dans ſon ſtile.*

Mirandum in terris! Par la rareté du fait, voyons de quelle maniere ces automates oſent nous profaner. Explique moi un peu le ſentiment de ces Meſſieurs. (*à part*) Souvent les ſimples impreſſions de la Nature inſpirent quelque choſe à ces ſortes de gens. Ils peuvent même penſer quand l'éducation & les préjugés des Colleges ne leur a pas renverſé la Cervelle.

L'ENTHOUSIASTE *ayant entendu les derniers mots.*

Il ſeroit bien à ſouhaiter que celle de

Messieurs les Philosophes fît un demi tour à droit, sans doute qu'elle se mettroit du bon côté. Ceci soit dit en toute reverence de la part des braves de notre Club (*) & qui ont bien renversé eux mêmes tout ce que vous dites contre les Anglois. Ce n'est pas le tout, & tel que vous me voyez, j'en ai plus dit qu'aucun. Car en fait de bel-esprit nous sommes Anglois; c'est-à-dire aussi grands hommes que les Philosophes, & aussi libres que nos Maitres mêmes.

VOLTAIRE *dans son stile.*

Monsieur de la liberté, vous meriteriez bien, de par les Dieux, que cette canne prît la liberté d'attenter à vos privileges Anglicans.

L'ENTHOUSIASTE.

Je suis, Monsieur, hors d'Angleterre & je ne puis pas vous compter les coups de

(*) Certaine Societé ou Côterie de pretendus Beaux-esprits & dont le valet usurpe le terme honorable.

de bâtons par guinées. Ainsi, il vous est aussi facile de m'en donner ici, qu'il vous l'a été de critiquer mes compatriotes en France. Vous aviez passé la Mer, & le vent avoit emporté le ressouvenir des honnêtetés qu'ils vous avoient faites. Mais lequel vaut mieux, d'un Domestique fidelle, qui raisonne un peu trop, ou d'un Philosophe qui ne respecte pas un Anglois assez malheureux pour servir un Poëte?

VOLTAIRE *dans son stile*.

Voilà le comble d'une impertinente fermeté, qui me désarme.

SCENE II.

LES ACTEURS PRECEDENS.

MAD. TRIPAUDIRE *arrivant essouflée & parlant avec empressement.*

EH Seigneur Ciel! vous vous tenez, Monsieur, à la porte de mon Auberge? Il y a du feu allumé dans tous mes appartemens; on va vous servir; oserois-je vous demander d'où vous arrivez? allez vous loin? vous n'avez qu'a parler; voulez-vous un carosse de voiture? Avez-vous besoin d'un lit? me voilà prête à vous obéir; *(parlant* au Valet) & vous aimable garçon entrez. Il est beau comme un Ange & tout d'une venuë comme un Anglois.

L'ENTHOUSIASTE.

Prêt à vous obéir aussi, Madame. C'est bien dommage que cette Françoise là là ne soit pas Angloise. Un Anglois ne seroit pas obligé de se pendre pour elle.

MADAME TRIPAUDIERE *criant*.

La Ramée ! Jasmin ! vîte, conduisez ce Seigneur dans le plus bel appartement & que l'on n'épargne rien pour le bien recevoir.

VOLTAIRE *dans son stile*.

Au nom des Dieux protecteurs de l'innocence, épargnez moi, Madame, toutes vos manieres engageantes. Je tremble pour mon foible cœur, & j'aime encore mieux le ton grave & glacial des caresses Angloises, que l'impetuosité de vos politesses, qui me feroient perdre de fort belles pensées que ce Maraud vient de m'inspirer. S'il n'avoit été impertinent qu'à demi, je l'aurois assommé, écrasé, anéanti. Mais, comme il a courageusement poussé jusqu'à être insolent tout-à-fait, je veux l'en recompenser en faisant imprimer ses idées à la gloire des Valets & des Maîtres de sa

Na-

Nation. Madame, une plume & de l'encre; depêchons, mon imagination, detournée par une trop grande diversité d'idées, laisseroit évaporer le beau feu qui l'enflamme en ce moment.

l'Enthousiaste.

Madame, une bole de Ponche pour me mettre en état d'aller de mon côté chercher quelque Multipliante.

Madame Tripaudiere *froidement*.

Entrez Messieurs, on vous poura donner tout ce qu'il vous faut.

Voltaire *regardant l'enseigne d'Uranie, avant d'entrer, dans son stile.*

Je vais à vous Divine Uranie, avec le secours de vos divines influences & de ma plume, je m'eleverai audessus de mes Ennemis & je perdrai bientôt de vuë la trace de leurs piés imprimés dans la fange.

Ma-

Madame Tripaudiere (*à part.*)

Bonne Aubaine. Le Maitre demande de l'encre & le Valet du Ponche. L'un & l'autre feront bientôt yvres à peu de frais. Dieu veuille encore que ce Valet Multipliant n'entraine point nos Servantes dans fa communion. Je veux un peu fçavoir ce que c'eſt que cela : Il me ſemble que je comprendrois mieux qu'elles les miſteres de cette forte de Doctrine.

SCENE III.

MAD. TRIPAUDIERE, MAUPERTUIS, LA SIMETRIE.

Maupertuis *arrivant en traineau & voyant l'enſeigne d'Uranie, dans ſon ſtile.*

Sta Sol ; Sta Sol !

La Simetrie,

Arrête-toi Soleil !

Mau-

MAUPERTUIS *dans son stile.*

Morbleu ! n'entens-tu pas ce que cela veut dire ? qu'il faut s'arrêter & fixer nos observations dans cette auberge ? c'est ici l'elevation de notre Pole.

LA SIMETRIE *regardant l'enseigne d'Uranie.*

Oui, pour un grand Astronome qui dit ce qu'il lui plait. Mais pour moi dont le sens commun suit simplement ce qui paroît à tout le monde, je me donne aux onze mille vierges Laponoises, si toutes les Mathematiques qui peuvent être innées dans la tête d'un homme, ou qui peuvent y entrer, prouvent jamais que le Soleil doit s'arrêter à cette enseigne de cabaret plûtôt que vers le Pole d'où nous venons.

MAD. TRIPAUDIERE.

Soyez, Messieurs, les bien-arrivés de cette belle Ville.

MAU-

MAUPERTUIS.

La méprise est admirable! Mais elle a raison: pourquoi ces imbecilles d'anciens Grammairiens ont-ils occasionné avec leurs étimologies Greques la méprise des Poles de la Terre avec les Villes? (*à l'hôtesse*) Ce n'est pas, Madame, une simple ville que nous venons de visiter; mais c'est l'extremité même de la terre.

MAD. TRIPAUDIERE.

Je croyois que la terre étoit une boule qui n'avoit ni commencement ni fin & que ce qui rouloit devoit être rond de tous les côtés.

MAUPERTUIS.

Tous les grands Mathematiciens, Madame, ne sont pas de votre avis. Pour moi j'ai reconnu & presque demontré, que la Terre est comme un cilindre & coupée par le bout; c'est à dire platte vers le Pole.

MAD.

Mad. Tripaudiere.

Qu'est ce qu'un Cilindre? Est-ce de la Marchandise que vous apportez, Monsieur? Fait-il bon trafiquer vers ce Pole?

La Simetrie.

Eh! non, Madame, le Cilindre signifie que la Terre est faite comme un rouleau à Patisserie; Et mon Maître n'a garde d'avoir rien aporté de ce bout du monde où le plus determiné Hollandois ne trouveroit ni or ni marchandise; mais en recompense beaucoup de glace.

Mad. Tripaudiere *les Poings sur les côtes.*

Ni argent ni Marchandise! Eh mort de ma vie, Pourquoi prendre tant de peine, & qu'alliez vous faire là?

La Simetrie.

Regarder aux Astres & soufler dans nos doigts.

Mad.

Mad. Tripaudiere.

Ma foi, je puis ici, tout aussi bien que vous, envisager les astres & faire autre chose que soufler dans mes doigts, car il fait toujours chaud & très-chaud chez moi. Entrez seulement, vous y trouverez de quoi vous réchaufer. Les pauvres transis !

Maupertuis.

Y a-t-il bonne Compagnie ? A un homme comme moi, Madame, il faut autre chose encore que les viandes qui servent au genre-Animal, il faut de la nouriture à l'esprit. Avez-vous, par exemple, quelque joli homme d'Algegebricien, ou de ces Mathematiciens élegants qui demontrent, par lignes & par triangles, toutes les charmantes choses qu'ils disent ?

Mad. Tripaudiere.

Entrez seulement, Monsieur, vous trouverez déja chez moi à qui parler. Il y a entr'autres un Poëte qui fait des Vers à la loüange de son Valet parce qu'il a fait l'insolent. C'est là, dit-il, ce qui l'inspire & ce qui l'anime à bien faire.

La Simetrie.

Voilà, ma foi, un Poëte qui doit fabriquer, assurement, d'excellens vers quand on l'a regalé de quelques douzaines de coups de poings.

Maupertuis.

Je parie que c'est Voltaire : il n'y a que lui de capable, ainsi que moi, de tirer parti de la disgrace pour paroître grand homme dans son genre. (*a son Valet*) La Simetrie, tire de ma voiture Laponoise mes observations Phisiques ; j'en veux regaler Voltaire. Tu n'oublieras pas non plus mon grand étui de Mathematiques : je veux lever le plan de cette agréable Perspective par la hauteur des Astres. Au moins cela figurera pour celui du Pole glacial. (*Il entre, & il ressort*) Mais surtout,

La

La Simetrie, tu m'apporteras mes tables *Astronomi- Geo- hydro- graphiques.*

Mad. Tripaudiere.

Vous moquez vous avec vos Tables barbares. Je ne veux pas de cela dans ma maison. Nous avons assez de Tables chez nous & nous n'avons que faire de vos meubles Laponois.

SCENE IV.

MADAME TRIPAUDIERE *seule.*

ET de deux bonnes pratiques! L'un fait des Vers & l'autre dessine des Figures Mathematiques. Il faudroit bien des gens comme ceux-là pour faire faire aussi figure à une hôtesse & pour l'enrichir. (*apercevant Arlequin Valet du Petit-maitre Philosophe qui vient chargé d'une vieille valise mal remplie mais galonnée de vieux argent.*)
Voilà, je parie, le reste de la bande. Oh!

Oh! ma foi, le Maître & le Valet peuvent passer outre. Vive plûtôt les habits neufs de nos Païsans Hollandois. Ils ne font pas des pieces d'esprit; mais ils font de bons Ecots. Voilà le veritable Esprit cela & qui, ma foi, en donne à l'hôtesse. (*elle se met sur sa porte.*)

SCENE V.

ARLEQUIN (*laissant tomber la valise de son haut, s'écrie.*)

OUF! que la gueuserie est un fardeau diablement lourd! Et qu'à mon avis un Portemanteau efflanqué est plus fatiguant à porter qu'une quantine soigneusement pourvuë de vin & de gibier. Triste & miserable condition de servir un Petit-Maitre Philosophe! A la maison, quand il n'est pas gueux, il faut servir de coureur sans jamais reprendre haleine; en chemin il faut servir de bête de charge. Encore si on n'y avoit de mal qu'entre les repas; Mais le Diable soufle si mal pour ces

Mes-

Messieurs là, que leur bourse est toujours aussi vuide que leur tête. Helas! écoutez, mon Estomac en gemit. Bon, c'est à cette Auberge que mon Maître m'a dit de l'appaiser.

MAD. TRIPAUDIERE *s'opposant au passage d'Arlequin.*

Doucement, mon cher fils, vous & votre Maître, vous pouvez aller desalterer ailleurs votre Philosophie. J'ai déja assez de Philosophes & de Poëtes chez moi. S'ils ont la tête vuide, ils ne paroissent pas du moins avoir leurs valises & leurs bourses aussi peu remplies que les vôtres.

ARLEQUIN.

La Grosse Masque bouffie fait bien la fiere, parce que mes forces sont épuisées par le jeûne. Mais Patience, bientôt il y aura dequoi battre chez elle s'il n'y a pas de quoi boire.

MADAME TRIPAUDIERE.

Mort de ma vie! tu menaces! Tudienne

B 4

dienne quel égrillard! Il lui faut des auberges sans argent & des femmes comme moi à battre!

SCENE VI.

LES ACTEURS PRECEDENS. PREVÔT, MOUHI, & *le* PETIT-MAITRE PHILOSOPHE *survenans à pié avec* PIERROT & SCARAMOUCHE, *parlans tous suivant leur stile ordinaire.*

LE PETIT-MAITRE PHILOSOPHE.

Mon ame, Messieurs, par votre heureuse rencontre éprouve les plus ravissantes douceurs. La vuë même inopinée des plus célestes femmes, ne pouroit l'emporter sur le charme present, que d'un degré de Béatitude de plus.

ARLEQUIN *sort de la presence de son Maître.*

Voyons à present qui entrera de nous deux chez vous, Madame de l'Auberge;

apre-

aprenez cette belle Sentence *que ceux qui ont faim ont droit d'hospitalité par toute la Terre.*

MAD. TRIPAUDIERE.

Par la Mort! je te casserai la tête avec tes Sentences.

DE MAINVILLERS.

Vous voilà bien fâchée, Belle Dame! Fi! un joli visage comme le vôtre dérange dans la colère la charmante œconomie de ses traits. Ne voyez-vous pas que, le sang vous montant trop impetueusement à la tête, vous risquez de mourir d'une mort violente, & suivant mon sistème, de ne pas éprouver de delicieux épanchemens en rendant l'ame galamment.

MAD. TRIPAUDIERE.

En voilà bien d'une autre! Ma foi, Monsieur, je ne me soucie pas de mourir ni galamment ni autrement! Mais qui êtes-vous, Monsieur? vous avez vraiment

ment bon air avec votre galant plumet, Monsieur le Philosophe.

ARLEQUIN.

C'est que nous sommes Philosophes dans le cabinet, & guerriers auprès de Dames.

DE MAINVILLERS *répondant par les premiers mots de son Petit-Maître Philosophe.*

Qui je suis demandez-vous ? Madame, vous êtes trop belle & trop spirituelle pour que l'on vous refuse rien. J'entreprens donc l'histoire de ma vie. Sur mon ame ! je trouve cette idée si voisine de l'extravagance, que pour la première fois de mes jours je réflechis à ce que je dois faire. Quel interêt un *Public*, comme vous *belle femme*, peut-il prendre aux affaires d'un homme qui ne s'est jamais embarassé de lui être utile ?

MAD.

MAD. TRIPAUDIERE.

Alte-là, Monsieur, cette vie là ne vaut rien, & si vous ne pouvez être utile dans une Auberge, vous pouvez passer votre chemin, ainsi que votre Valet au visage enfumé. Regardez ce joli & redoutable minois. Il ne vient pas celui-là, non plus que son Maître, de soufler dans ses doigts au Pole glacial; mais bien plûtôt de dire la bonne avanture en Egipte, & d'où vous pouvez tous deux aller au Diable.

SCENE VII.

MARIVAUT et CREBILLON *qui surviennent avec Pierrot & l'Eternel discoureur, parlans suivant leur stile ordinaire.*

MARIVAUT.

EH Mon Dieu! je vous trouve ici, mes chers, & aussi mal menés que par une Madame du tour (*). Bonne femme,

(*) *Lingere. Voyez Marianne.*

me, Vous ne deviendrez jamais une Païsanne parvenuë, vous n'êtes gueres familiarisée avec les Auteurs aussi distingués que nous. C'est au Petit-Maitre Philosophe à qui vous parlez.

Mad. Tripaudiere.

Qui ? lui ! Ah juste ciel ! Il est peut-être Petit-Maitre par le babil, & par l'habit, Philosophe par la Bourse. (*Demainvillers rit.*)

Arlequin.

Vous n'êtes pas faits vous autres pour en voir de plus beaux, & vous auriez été ebloüis de cent lieux par ceux que mon Maître portoit. Mais nous nous contentons de briller de loin dans ces Païs-ci.

Marivaut.

Vous voilà, Madame, dans ces étonnemens qui ne signifient rien & qui vous laissent dans un état indéfinissable. Un certain Pressentiment devoit bien vous
avoir

avoir dit qui nous étions, & vous déve-loper d'abord ce que nous avions dans l'Ame.

PIERROT.

Si elle le voyoit, elle le connoîtroit assez, & elle diroit bien Voilà-ce que vous avez dans l'ame. Cela va tout de suite avec mon Maitre & moi. Par exemple, moi & Mademoiselle Marian-ne, ma maitresse, quand nous voulons connoître quelque chose ou faire quelque besogne, mon Maitre nous fait lever les yeux & au bout du tems nous l'avons re-gardée. Après cela, ces choses ayant eu le tems de faire un certain effet sur les yeux, & de-là sur l'ame, nous pouvons dire ce que ces choses-là sont & ce qu'el-les font. Mais aussi pour cela il faut que nous allions tout bellement & naïvement notre train. Car voyez-vous, nous som-mes Métaphisiciens.

MADAME TRIPAUDIERE.

Ah Dieu me soit en aide! Ce sont
plûtôt

plûtôt des Cartouchiens que tous ces gens là! Les uns n'ont point d'argent & veulent vous battre si vous ne leur donnez à manger & à boire. Les autres disent qu'il faut mourir promptement & galamment; Enfin ceux-ci veulent vous faire entendre qu'il ne faut point avec eux veiller sur les Poches, pour les laisser aller tout bellement & naïvement leur train: Car auparavant que j'eusse levé les yeux, pour regarder, & regardé pour voir ce qui m'en paroitroit dans l'Ame, mes honnêtes gens auroient dejà mis deux lieuës entre ma bourse & moi.

L'ETERNEL *discoureur*.

A cet outrageant propos mon sang, par une revolution subite, se transporte de la plante de mes piés à la tête; Voilà de tes yeux fortune Ennemie & tu aurois trop affaire si tu voulois réparer tes bizarreries avec d'aussi honnêtes gens que Messieurs nos Maîtres & nous.

PRE-

PREVÔT à ses confreres.

L'avanture n'est-elle pas singuliere & assez disgracieuse pour être digne que je la fasse entrer dans mon histoire du Fils de Cromwel?

MAD. TRIPAUDIERE.

Un fils de Cromwel ici! N'avois-je pas bien dit que ces gens-là étoient à craindre! Un fils de Cromwel? Seigneur! Je n'oserois seulement le regarder.

DE MAINVILLERS.

Eh quoi! Cruelle, vous détournez les yeux d'où votre cœur ne peut s'éloigner.

CREBILLON.

La singuliere avanture. Elle tiendroit à merveille un coin dans mon Ecumoire (*).

ARLE-

(*) Ouvrage de Crébillon où tout vient à propos ou non pourvu qu'il soit dit plaisamment.

Arlequin.

La Fête seroit plaisante si l'on y buvoit.

Marivaux.

Nous voilà dans une de ces situations qui saisissent & qui, nous laissant dans l'ame des impressions tristes, nous ôtent tout le sentiment de ce qui pouroit nous aider à nous tirer avec agrément d'une pareille avanture.

Madame Tripaudiere.

Misericorde ! qui comprendroit rien à ce Galimathias ! à quoi diantre en veulent-ils venir ?

Marivaut *continuant*.

C'est alors que l'on a besoin de toutes les ressources de son esprit pour prevenir tous les soupçons ; & si nous n'avons pû déterminer le premier coup d'œil de la personne en notre faveur, nous de-

vons

vons la frapper par quelque chose d'imprevû & la prendre par son endroit le plus foible!

MAD. TRIPAUDIERE.

Dieu me soit en aide! dans leur Barogouin ils marchandent à me tuer. Ce sont des Bohémiens.

LE MASSACREUR.

Oui, & c'est ce quelque chose là d'imprevû que M. Prevôt mon Maitre a mis adroitement en œuvre lorsque son Marquis de... tua M. B. d'un coup de Pistolet lorsqu'il ne s'y attendoit pas au milieu de ses nôces, & lorsqu'on massacra tant de personnes dans ce château d'Espagne.

MAD. TRIPAUDIERE.

Au meurtre! oh je suis morte! au Massacreurs! à l'aide! je suis morte! au Voleur!

C   SCENE

SCÈNE VIII.

LES ACTEURS PRECEDENS
s'étoufent de rire.

Surviennent VOLTAIRE *ayant la Plume à la main,* MAUPERTUIS *le Compas tout ouvert, le Chevalier de* MOUHI *des Pistolets, le Marquis* D'ARGENS *l'epée nuë,* L'ENTHOUSIASTE *les poings fermés,* LA SIMETRIE *une Regle,* MATHIEU *un Bâton &* SCARAMOUCHE *une Broche. Ils accourent tous de differens appartemens au secours de Madame Tripaudiere, & dans le tumulte ne se reconnoissent pas d'abord: parlans tous suivant leur stile ordinaire.*

SCARAMOUCHE *faisant des Grimaces & se cachant derrière Mouhi son Maître.*

Quelle gueule! comme elle braille, rangez-vous que je le... non, il y en a trop à tuer. (le Marquis d'Argens lui donne un soufflet.)

MA-

MATHIEU.

Ah que voilà un soufflet bien expliqué! est-elle morte? Oui; car elle ne parle plus.

VOLTAIRE.

Y a-t-il de la Tragedie ici? Madame. Une impulsion des atomes m'a apporté le mot de meurtre.

MAUPERTUIS.

Le même son est venu jusqu'à moi au travers du vuide par une ligne directe.

MOUHI.

Où est vôtre blessure? Madame; voyons.

MADAME TRIPAUDIERE.

Je ne puis respirer, Messieurs, de la peur qu'ils m'ont fa t.

VOLTAIRE.

Eh c'est Marivaut!

MAUPERTUIS.

C'eſt Crebillon !

D'ARGENS.

C'eſt Mainvillers !

MOUHI.

C'eſt l'Abbé Prevôt. Avez-vous jamais vû plus plaiſante rencontre dans vos Romans ?

VOLTAIRE.

Un ſemblable Evenement auroit bien enrichi mon Roman du Roi de Suede Charles XII.

MAUPERTUIS.

A quoy penſez-vous, notre hôteſſe, de crier ainſi ? Ce ſont tous de nos amis ; & des plus illuſtres Auteurs du ſiecle vous font-ils peur ?

MADAME TRIPAUDIERE.

Qu'ils aillent à tous les Diantres avec leur jargomage de Maſſacre, de tuerie

&

& d'épée à la main: qui n'auroit comme moi la plus terrible frayeur? Il y a de quoi en mourir pour une femme de complexion auffi delicate que moi.

L'Enthousiaste.

Prenez un verre de Ponche, Madame. Tenez, je voudrois que vous fuffiez prête à rendre l'ame, pour vous faire voir que dans aucun Païs l'on ne fait d'auffi bonnes chofes que chez nous.

De Mainvillers.

Je veux perdre la tête fi je ne fai mieux ce qu'il faut à cette trop Divine Créature. Tenez, Madame, choififfez, de ces 3 Piftolles, ou d'embraffer Arlequin.

Arlequin.

Pefte! Il n'y a pas à balancer fur le choix. Mais, pour avoir plûtôt fait, elle n'a qu'à prendre l'un & l'autre; & nous partagerons enfuite.

De Mainvillers.

Tout ce que nous vous demandons, c'eft

c'est un seul de vos charmans regards, & que vous nous versiez à tous le vin de Champagne à pleins flots.

MAD. TRIPAUDIERE *prenant l'argent & en s'en allant guayment suivie des 8. Valets.*

Que ne feroit-on pas pour vous plaire ? Monsieur ; Vous allez être servi dans l'instant.

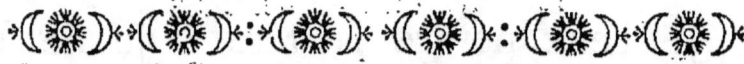

SCENE IX.

LES ACTEURS PRECEDENS *parlans suivant leur stile ordinaire.*

MARIVAUT.

JE parie que Mainvillers vient de donner les 3 uniques Pistolles qui lui restoient.

MAU-

MAUPERTUIS.

Tout ou rien. Il ne peut flotter entre le plein ou le vuide; si sa bourse n'est pleine, il l'aime mieux vuide tout-à-fait. Je reconnois le Petit-maître Philosophe à ces nobles incartades.

MAINVILLERS.

Et moi je reconnois le heros des Academies Laponoises au reste de vos amples & salutaires fourures. Sur mon honneur, il est bien dommage que vous ayez privé la France de ce rare & precieux vêtement. Elle auroit eu la gloire de le montrer dans la Posterité la plus reculée comme un trophée de vos brillantes Conquêtes sur les vastes contrées du Nord.

VOLTAIRE.

J'ignore qu'elle Furie assez inhumaine vous a poussé loin de votre Patrie dans les bras de l'hymen.

MAUPERTUIS.

Le voici en deux mots. Je ne voyois point à ma *circonférence* autant d'admirateurs que j'aurois defiré, & l'on étoit ingrat de la peine que je m'étois donnée d'échancrer la terre pour me l'approprier en faifant quadrer fes mouvumens à mes Calculs : L'on me mettoit de plus en ligne parallelle avec des avortons de Litterature : ce qui joint au defagrément de ne voir que *des rayons difvergents* d'avec ma Peruque (*) qui devoit faire *le point de réunion* de tous les regards, me fit faire une *progreffion* jufqu'a Berlin. Bref, une amiable Demoifelle étant devenuë amoureufe de cette même Peruque, il n'en fallut pas davantage pour me faire auffi devenir amoureux d'elle, & pour me determiner à l'époufer.

MAINVILLERS.

Ah je refpire : Voilà une Peruque qui a fait merveille. Mais cela ne pouvoit

(*) Petite Peruque à l'Angloife que M. de Maupertuis s'eft obftiné à porter.

voit manquer. Elle avoit tant voyagé qu'il étoit juste que, dans le cours de ses avantures, elle rencontra quelque heroïne qui la consolat de ses fatigues.

Mouhi.

Mon histoire sera bientôt faite. Je faisois, Messieurs, les Nouvelles à la main, & comme elles étoient stériles, je me mis dans la tête d'en composer moi même. Il n'en fallut pas davantage pour m'envoyer chercher hors du Royaume des Nouvelles de ce qui se passoit ailleurs.

D'Argens.

Je n'ai rien à vous dire, mes chers Seigneurs, sinon que m'étant avisé de faire le mutin avec un Pere encore plus mutin, je me suis mis en societé de Doctrine & de Lettres avec les Juifs, & c'est depuis ce tems-là que je suis forcé d'être le Juif errant.

Prevôt.

Je vous disputerois bien cette qualité si j'avois fait parler comme vous les Juifs. Mais l'on peut, à coup sûr, me regarder comme un des Etres le plus Ambulant que l'on puisse imaginer. Jésuite, Moine, Soldat, Abbé, ici bas mon inquiète activité m'auroit déja fait faire quatre ou cinq tours dans l'autre monde si l'on en pouvoit revenir.

Voltaire.

Vos ouvrages me faisoient pourtant imaginer que vous croyez aux Revenans, & il n'est Légende de Saints qui soit si farcie de traits merveilleux & d'Evenemens Miraculeux que vos Romans.

Mainvillers.

Sans croire aux miracles, je trouve que c'en est un bien grand de nous voir tous assemblés ici. Nous devons en remercier Mrs. les Ministres d'Etat. Pour ma part j'ai pensé avoir une plus belle

obli-

obligation au Roi (*). Quoique je n'eusse pas fort l'honneur d'être connu de lui, il vint de sa part un Intendant (**), suivi de Domestiques qui ne portoient pas mes livrées (***) assurement, me dire que le Monarque m'aimoit trop pour risquer de me perdre : qu'ainsi il me donneroit un Château, une Pension & des Domestiques. J'étois honteux de tant de bontés. Mais je ne pouvois sortir pour y mettre fin. J'eus, 19 mois après, ma liberté, & c'est pour ne plus risquer d'être à charge au Roi que, faute d'emploi plus important, je voyage pour mes menus plaisirs. Au travers des quels Voyages j'ai, ma foi, trouvé le secret d'épouser une fort belle Angloise. C'est la fille d'une espece d'Evêque, car l'on sçait le tendre attachement que j'ai pour ces sortes de Messieurs & combien je serois charmé de m'initier de plus en plus

dans

(*) Le premier acte de Clémence que le Roi tout aimable ait fait, après la mort du cruel Cardinal de Fleuri, fut de revoquer une infinité de Lettres de Cachet.

(**) Exemt.

(***) Archers de la Marechaussée.

dans leur sainte societé & dans leurs admirables misteres.

VOLTAIRE.

Pour moi je me suis trouvé si bien d'être un illustre proscript, & je vois que cela a si bon air, que je ne fais pas d'autre metier que de me faire exiler ou de m'exiler moi même.

MARIVAUT.

Crebillon & moi nous sommes de votre avis; & en attendant que nous ayons fait quelque bon ouvrage qui nous attire le même honneur & la même grace qu'à Messieurs nos Confreres, nous sommes venus faire notre Noviciat d'exil?

CREBILLON.

Il commence à m'épouvanter: Car comment vivre sans argent hors de sa patrie?

MAINVILLERS.

Tentation toute pure du Démon, mon très cher Frere. Plûtôt que reculer dans la noble carrière que vous avez commencée, enrollez-vous Négotiant... Oui Marchand, comme nous allons tous faire. Car auſſi bien ce n'eſt plus la mode d'avoir du Genie. Et l'on eſt autant diſtingué du commun aujourd'hui avec la reputation de Sot, d'Ignorant, qu'on l'étoit autrefois avec celle d'homme d'eſprit & de Savant. Vive l'Argent, & ceux qui ſavent en amaſſer!

MAD. TRIPAUDIERE.

Je viens vous dire que l'on a ſervi, jeunes gens. A la ſoupe, Soldats; Vous me paroiſſez tous n'en avoir pas mal beſoin pour refaire vos cervelles. Les Bonnes Pâtes de gens avec leur Philoſophie! Il n'en faudroit plus qu'autant pour nous rendre tous fous. Allons, allons, du Courage à table, & venez armés juſqu'aux dents pour attaquer les Ennemis que vous allez avoir en tête.

MAIN-

MAINVILLERS.

Le charmant denouëment pour des Philosophes du tems!

VOLTAIRE.

Eh bien, Messieurs, que dites-vous de la fin de cette pièce? La Comédie avoit commencé par un grand désordre dont 3 pistolles (comme l'argent vient toujours à propos) avoient fait le Denouement: Elle s'étoit ensuite continuée par une sorte d'exposition qui finit encore par un denouement, & c'est sans doute à table que nous trouverons au fond des bouteilles le Nouveau Désordre qui manque à la seconde partie de cette Comédie. (*) Comédie digne, assurement, du caractère extraordinaire de l'heroïne Mad. Tripaudiere & des heros Philosophes qui y jouent leurs Rolles.

(*) L'on donnera leurs conversations à table & autres endroits si ce debut plait.

FIN.

2235

www.ingramcontent.com/pod-product-compliance
Lightning Source LLC
LaVergne TN
LVHW022208080426
835511LV00008B/1642